Bibliografische Information der Deutschen
Nationalbibliothek: Die Deutsche Nationalbibliothek
verzeichnet diese Publikation in der Deutschen
Nationalbibliografie; detaillierte bibliografische Daten
sind im Internet über www.dnb.de abrufbar.

Herstellung und Verlag:
BoD – Books on Demand, Norderstedt
ISBN: 9783754323205

Übersicht Touren

Titel der Tour: _____ **Datum:** _____

Start: _____ Ziel: _____

Zwischenstopps:

_____

_____

_____

_____

km-Stand Strart	km-Stand Ziel	**Länge der Strecke**
_____ km	_____ km	_____ km

Teilnehmer:

_____

_____

_____

_____

Wetter am Start: 🌧️ 🌫️ ☁️ ⛅ ☀️   Wetter am Ziel: 🌧️ 🌫️ ☁️ ⛅ ☀️

Strecken-Niveau: ▱ wenig Kurven   ▱ kurvig   ◉ sehr kurvig

Sehenswertes auf der Tour

_____

_____

_____

_____

_____

Beschreibung der Tour

Titel der Tour: **Datum:**

_____   _____

Start: Ziel:

_____   _____

Zwischenstopps:

_____

_____

_____

_____

km-Stand Strart	km-Stand Ziel	**Länge der Strecke**
_____ km	_____ km	_____ km

Teilnehmer:

_____

_____

_____

_____

Wetter am Start: Wetter am Ziel:

Strecken-Niveau: wenig Kurven   kurvig   sehr kurvig

Sehenswertes auf der Tour

_____

_____

_____

_____

_____

Beschreibung der Tour

13

Titel der Tour: **Datum:**

_____   _____

Start: Ziel:

_____   _____

Zwischenstopps:

_____

_____

_____

_____

km-Stand Strart	km-Stand Ziel	**Länge der Strecke**
_____ km	_____ km	_____ km

Teilnehmer:

_____

_____

_____

_____

Wetter am Start: Wetter am Ziel:

Strecken-Niveau: wenig Kurven   kurvig   sehr kurvig

Sehenswertes auf der Tour

_____

_____

_____

_____

_____

Beschreibung der Tour

_____

_____

_____

_____

_____

_____

_____

_____

_____

_____

_____

_____

_____

_____

_____

_____

_____

_____

_____

_____

_____

Titel der Tour:

_____

Datum:

_____

Start: _____ Ziel: _____

Zwischenstopps:

_____

_____

_____

_____

km-Stand Strart	km-Stand Ziel	**Länge der Strecke**
_____ km	_____ km	_____ km

Teilnehmer:

_____

_____

_____

_____

Wetter am Start: ⛈️ 🌫️ ☁️ ⛅ ☀️   Wetter am Ziel: ⛈️ 🌫️ ☁️ ⛅ ☀️

Strecken-Niveau: 🛣️ wenig Kurven   〽️ kurvig   🌀 sehr kurvig

Sehenswertes auf der Tour

_____

_____

_____

_____

_____

_____

Beschreibung der Tour

_____

_____

_____

_____

_____

_____

_____

_____

_____

_____

_____

_____

_____

_____

_____

_____

_____

_____

_____

_____

_____

21

Titel der Tour: **Datum:**

_____   _____

Start: Ziel:

_____   _____

Zwischenstopps:

_____

_____

_____

_____

km-Stand Strart	km-Stand Ziel	**Länge der Strecke**
_____ km	_____ km	_____ km

Teilnehmer:

_____

_____

_____

_____

Wetter am Start: 🌧️ 🌦️ ☁️ 🌤️ ☀️   Wetter am Ziel: 🌧️ 🌦️ ☁️ 🌤️ ☀️

Strecken-Niveau: ⬜ wenig Kurven   ⬜ kurvig   ⬜ sehr kurvig

Sehenswertes auf der Tour

_____

_____

_____

_____

_____

Beschreibung der Tour

Titel der Tour: **Datum:**

_____   _____

Start: Ziel:

_____   _____

Zwischenstopps:

_____

_____

_____

_____

km-Stand Strart	km-Stand Ziel	**Länge der Strecke**
_____ km	_____ km	_____ km

Teilnehmer:

_____

_____

_____

_____

Wetter am Start: ☁️🌧️☁️⛅☀️   Wetter am Ziel: 🌧️☁️☁️⛅☀️

Strecken-Niveau: ▱ wenig Kurven   ▱ kurvig   ▱ sehr kurvig

Sehenswertes auf der Tour

_____

_____

_____

_____

_____

Beschreibung der Tour

29

Titel der Tour: _____ **Datum:** _____

Start: _____ Ziel: _____

Zwischenstopps:

_____

_____

_____

_____

km-Stand Strart	km-Stand Ziel	**Länge der Strecke**
_____ km	_____ km	_____ km

Teilnehmer:

_____

_____

_____

_____

Wetter am Start: 🌧️ 🌫️ ☁️ ⛅ ☀️   Wetter am Ziel: 🌧️ 🌫️ ☁️ ⛅ ☀️

Strecken-Niveau: ⟋ wenig Kurven   ⟋ kurvig   🌀 sehr kurvig

Sehenswertes auf der Tour

_____

_____

_____

_____

_____

Beschreibung der Tour

Titel der Tour: **Datum:**

_____   _____

Start: Ziel:

_____   _____

Zwischenstopps:

_____

_____

_____

_____

km-Stand Strart	km-Stand Ziel	**Länge der Strecke**
_____ km	_____ km	_____ km

Teilnehmer:

_____

_____

_____

_____

Wetter am Start: 🌧️ 🌩️ ☁️ ⛅ ☀️   Wetter am Ziel: 🌧️ 🌩️ ☁️ ⛅ ☀️

Strecken-Niveau: ⟋ wenig Kurven   〰️ kurvig   🌀 sehr kurvig

Sehenswertes auf der Tour

_____

_____

_____

_____

_____

Beschreibung der Tour

Titel der Tour: _____ **Datum:** _____

Start: _____ Ziel: _____

Zwischenstopps:

_____

_____

_____

_____

km-Stand Strart	km-Stand Ziel	**Länge der Strecke**
_____ km	_____ km	_____ km

Teilnehmer:

_____

_____

_____

_____

Wetter am Start: ☁☔ ☁⚡ ☁ ⛅ ☀   Wetter am Ziel: ☁☔ ☁⚡ ☁ ⛅ ☀

Strecken-Niveau: ⬜ wenig Kurven   ⬜ kurvig   ⬜ sehr kurvig

Sehenswertes auf der Tour

_____

_____

_____

_____

_____

Beschreibung der Tour

Titel der Tour: _____ **Datum:** _____

Start: _____ Ziel: _____

Zwischenstopps:

_____

_____

_____

_____

km-Stand Strart	km-Stand Ziel	Länge der Strecke
_____ km	_____ km	_____ km

Teilnehmer:

_____

_____

_____

_____

Wetter am Start: ▦ ▦ ▦ ▦ ▦   Wetter am Ziel: ▦ ▦ ▦ ▦ ▦

Strecken-Niveau: ▱ wenig Kurven   ▱ kurvig   ▱ sehr kurvig

Sehenswertes auf der Tour

_____

_____

_____

_____

_____

Beschreibung der Tour

Titel der Tour: **Datum:**

_____   _____

Start: Ziel:

_____   _____

Zwischenstopps:

_____

_____

_____

_____

km-Stand Strart	km-Stand Ziel	**Länge der Strecke**
_____ km	_____ km	_____ km

Teilnehmer:

_____

_____

_____

_____

Wetter am Start: 🌦️🌧️☁️⛅☀️   Wetter am Ziel: 🌦️🌧️☁️⛅☀️

Strecken-Niveau: ⬜ wenig Kurven   ⬜ kurvig   ⬜ sehr kurvig

Sehenswertes auf der Tour

_____

_____

_____

_____

_____

46

Beschreibung der Tour

49

Titel der Tour: **Datum:**

_____   _____

Start: Ziel:

_____   _____

Zwischenstopps:

_____

_____

_____

_____

km-Stand Strart	km-Stand Ziel	**Länge der Strecke**
_____ km	_____ km	_____ km

Teilnehmer:

_____

_____

_____

_____

Wetter am Start: Wetter am Ziel:

Strecken-Niveau: wenig Kurven   kurvig   sehr kurvig

Sehenswertes auf der Tour

_____

_____

_____

_____

_____

Beschreibung der Tour

Titel der Tour:

Datum:

_____ _____

Start: Ziel:

_____ _____

Zwischenstopps:

_____

_____

_____

_____

km-Stand Strart	km-Stand Ziel	**Länge der Strecke**
_____ km	_____ km	_____ km

Teilnehmer:

_____

_____

_____

_____

Wetter am Start: 🌧️ ⛅ ☁️ 🌤️ ☀️   Wetter am Ziel: 🌧️ ⛅ ☁️ 🌤️ ☀️

Strecken-Niveau: 🛣️ wenig Kurven   🛣️ kurvig   🌀 sehr kurvig

Sehenswertes auf der Tour

_____

_____

_____

_____

_____

_____

Beschreibung der Tour

Titel der Tour:

Datum:

_____ _____

Start: Ziel:

_____ _____

Zwischenstopps:

_____

_____

_____

_____

km-Stand Strart	km-Stand Ziel	**Länge der Strecke**
_____ km	_____ km	_____ km

Teilnehmer:

_____

_____

_____

_____

Wetter am Start: Wetter am Ziel:

Strecken-Niveau: wenig Kurven   kurvig   sehr kurvig

Sehenswertes auf der Tour

_____

_____

_____

_____

_____

Beschreibung der Tour

Titel der Tour: **Datum:**

_____   _____

Start: Ziel:

_____   _____

Zwischenstopps:

_____

_____

_____

_____

km-Stand Strart	km-Stand Ziel	**Länge der Strecke**
_____ km	_____ km	_____ km

Teilnehmer:

_____

_____

_____

_____

Wetter am Start: Wetter am Ziel:

Strecken-Niveau: wenig Kurven   kurvig   sehr kurvig

Sehenswertes auf der Tour

_____

_____

_____

_____

_____

Beschreibung der Tour

Titel der Tour: **Datum:**

_____   _____

Start: Ziel:

_____   _____

Zwischenstopps:

_____

_____

_____

_____

km-Stand Strart	km-Stand Ziel	**Länge der Strecke**
_____ km	_____ km	_____ km

Teilnehmer:

_____

_____

_____

_____

Wetter am Start: 🌧️ 🌫️ ☁️ ⛅ ☀️   Wetter am Ziel: ☁️ 🌫️ ☁️ ⛅ ☀️

Strecken-Niveau: ▨ wenig Kurven   ◹ kurvig   🌀 sehr kurvig

Sehenswertes auf der Tour

_____

_____

_____

_____

_____

_____

Beschreibung der Tour

Titel der Tour:

Datum:

_____ _____

Start: Ziel:

_____ _____

Zwischenstopps:

_____

_____

_____

_____

km-Stand Strart	km-Stand Ziel	**Länge der Strecke**
_____ km	_____ km	_____ km

Teilnehmer:

_____

_____

_____

_____

Wetter am Start: 🌧️ ☁️ ☁️ ⛅ ☀️   Wetter am Ziel: 🌧️ ☁️ ☁️ ⛅ ☀️

Strecken-Niveau: ⟋ wenig Kurven   〰 kurvig   🌀 sehr kurvig

Sehenswertes auf der Tour

_____

_____

_____

_____

_____

Beschreibung der Tour

Titel der Tour: _____ **Datum:** _____

Start: _____ Ziel: _____

Zwischenstopps:

_____

_____

_____

_____

---

km-Stand Strart	km-Stand Ziel	**Länge der Strecke**
_____ km	_____ km	_____ km

Teilnehmer:

_____

_____

_____

_____

Wetter am Start: 🌧️🌥️☁️🌤️☀️ Wetter am Ziel: 🌧️🌥️☁️🌤️☀️

Strecken-Niveau: ▨ wenig Kurven   ▱ kurvig   ◌ sehr kurvig

Sehenswertes auf der Tour

_____

_____

_____

_____

_____

Beschreibung der Tour

Titel der Tour: **Datum:**

_____   _____

Start: _____   Ziel: _____

Zwischenstopps:

_____

_____

_____

_____

km-Stand Strart	km-Stand Ziel	**Länge der Strecke**
_____ km	_____ km	_____ km

Teilnehmer:

_____

_____

_____

_____

Wetter am Start: [Symbole]   Wetter am Ziel: [Symbole]

Strecken-Niveau: [Symbol] wenig Kurven   [Symbol] kurvig   [Symbol] sehr kurvig

Sehenswertes auf der Tour

_____

_____

_____

_____

_____

_____

Beschreibung der Tour

Titel der Tour: **Datum:**

_____ _____

Start: Ziel:

_____ _____

Zwischenstopps:

_____

_____

_____

_____

km-Stand Strart	km-Stand Ziel	**Länge der Strecke**
_____ km	_____ km	_____ km

Teilnehmer:

_____

_____

_____

_____

Wetter am Start: ☔ ☁ ☁ ⛅ ☀   Wetter am Ziel: ☔ ☁ ☁ ⛅ ☀

Strecken-Niveau: ▨ wenig Kurven   ▨ kurvig   ▨ sehr kurvig

Sehenswertes auf der Tour

_____

_____

_____

_____

_____

_____

Beschreibung der Tour

Titel der Tour:

Datum:

_____

_____

Start:

Ziel:

_____ _____

Zwischenstopps:

_____

_____

_____

_____

km-Stand Strart	km-Stand Ziel	**Länge der Strecke**
_____ km	_____ km	_____ km

Teilnehmer:

_____

_____

_____

_____

Wetter am Start: [Symbole]   Wetter am Ziel: [Symbole]

Strecken-Niveau: [Symbol] wenig Kurven   [Symbol] kurvig   [Symbol] sehr kurvig

Sehenswertes auf der Tour

_____

_____

_____

_____

_____

Beschreibung der Tour

Titel der Tour: **Datum:**

_____   _____

Start: Ziel:

_____   _____

Zwischenstopps:

_____

_____

_____

_____

km-Stand Strart	km-Stand Ziel	**Länge der Strecke**
_____ km	_____ km	_____ km

Teilnehmer:

_____

_____

_____

_____

Wetter am Start: 🌧️🌫️☁️⛅☀️   Wetter am Ziel: ☁️🌫️☁️⛅☀️

Strecken-Niveau: ⟋ wenig Kurven   ⟋ kurvig   ⟲ sehr kurvig

Sehenswertes auf der Tour

_____

_____

_____

_____

_____

Beschreibung der Tour

Titel der Tour:

_____

Datum:

_____

Start: _____ Ziel: _____

Zwischenstopps:

_____

_____

_____

_____

km-Stand Strart	km-Stand Ziel	**Länge der Strecke**
_____ km	_____ km	_____ km

Teilnehmer:

_____

_____

_____

_____

Wetter am Start: 🌧️ ☁️ 🌤️ ⛅ ☀️   Wetter am Ziel: 🌧️ ☁️ 🌤️ ⛅ ☀️

Strecken-Niveau: 🛣️ wenig Kurven   〰️ kurvig   🌀 sehr kurvig

Sehenswertes auf der Tour

_____

_____

_____

_____

_____

Beschreibung der Tour

Titel der Tour: **Datum:**

_____   _____

Start: Ziel:

_____   _____

Zwischenstopps:

_____

_____

_____

_____

km-Stand Strart	km-Stand Ziel	**Länge der Strecke**
_____ km	_____ km	_____ km

Teilnehmer:

_____

_____

_____

_____

Wetter am Start: ☁☔ ☁ ☁ ⛅ ☀   Wetter am Ziel: ☁☔ ☁ ☁ ⛅ ☀

Strecken-Niveau: ▨ wenig Kurven   ▱ kurvig   ◌ sehr kurvig

Sehenswertes auf der Tour

_____

_____

_____

_____

_____

Beschreibung der Tour

101

Titel der Tour: **Datum:**

_____   _____

Start: Ziel:

_____   _____

Zwischenstopps:

_____

_____

_____

_____

km-Stand Strart	km-Stand Ziel	**Länge der Strecke**
_____ km	_____ km	_____ km

Teilnehmer:

_____

_____

_____

_____

Wetter am Start: [Symbole]   Wetter am Ziel: [Symbole]

Strecken-Niveau: [Symbol] wenig Kurven   [Symbol] kurvig   [Symbol] sehr kurvig

Sehenswertes auf der Tour

_____

_____

_____

_____

_____

Beschreibung der Tour

Titel der Tour: **Datum:**

_____   _____

Start: Ziel:

_____   _____

Zwischenstopps:

_____

_____

_____

_____

km-Stand Strart	km-Stand Ziel	**Länge der Strecke**
_____ km	_____ km	_____ km

Teilnehmer:

_____

_____

_____

_____

Wetter am Start: Wetter am Ziel:

Strecken-Niveau: wenig Kurven   kurvig   sehr kurvig

Sehenswertes auf der Tour

_____

_____

_____

_____

_____

Beschreibung der Tour

Titel der Tour: **Datum:**

_____   _____

Start: Ziel:

_____   _____

Zwischenstopps:

_____

_____

_____

_____

km-Stand Strart	km-Stand Ziel	**Länge der Strecke**
_____ km	_____ km	_____ km

Teilnehmer:

_____

_____

_____

_____

Wetter am Start: ☁🌧 ☁ ☁ ⛅ ☀   Wetter am Ziel: ☁ 🌧☁ ☁ ⛅ ☀

Strecken-Niveau: ▨ wenig Kurven   〰 kurvig   🌀 sehr kurvig

Sehenswertes auf der Tour

_____

_____

_____

_____

_____

Beschreibung der Tour

Titel der Tour: **Datum:**

_____   _____

Start: Ziel:

_____   _____

Zwischenstopps:

_____

_____

_____

_____

km-Stand Strart	km-Stand Ziel	Länge der Strecke
_____ km	_____ km	_____ km

Teilnehmer:

_____

_____

_____

_____

Wetter am Start: 🌧️ 🌦️ ☁️ 🌤️ ☀️   Wetter am Ziel: 🌧️ 🌦️ ☁️ 🌤️ ☀️

Strecken-Niveau: ⟋ wenig Kurven   ⟋ kurvig   🌀 sehr kurvig

Sehenswertes auf der Tour

_____

_____

_____

_____

_____

Beschreibung der Tour

Titel der Tour: _____ **Datum:** _____

Start: _____ Ziel: _____

Zwischenstopps:

_____

_____

_____

_____

km-Stand Strart	km-Stand Ziel	**Länge der Strecke**
_____ km	_____ km	_____ km

Teilnehmer:

_____

_____

_____

_____

Wetter am Start: 🌧️🌦️☁️⛅☀️ Wetter am Ziel: 🌧️🌦️☁️⛅☀️

Strecken-Niveau: 🛣️ wenig Kurven   🛤️ kurvig   🗺️ sehr kurvig

Sehenswertes auf der Tour

_____

_____

_____

_____

_____

Beschreibung der Tour

Titel der Tour: _____

Datum: _____

Start: _____

Ziel: _____

Zwischenstopps:

_____

_____

_____

_____

km-Stand Strart	km-Stand Ziel	Länge der Strecke
_____ km	_____ km	_____ km

Teilnehmer:

_____

_____

_____

_____

Wetter am Start: 🌧️ ⛈️ ☁️ 🌤️ ☀️　　Wetter am Ziel: 🌧️ ⛈️ ☁️ 🌤️ ☀️

Strecken-Niveau: ▨ wenig Kurven　　▱ kurvig　　〰️ sehr kurvig

Sehenswertes auf der Tour

_____

_____

_____

_____

_____

Beschreibung der Tour

Titel der Tour: **Datum:**

_____ _____

Start: Ziel:

_____ _____

Zwischenstopps:

_____

_____

_____

_____

km-Stand Strart	km-Stand Ziel	Länge der Strecke
_____ km	_____ km	_____ km

Teilnehmer:

_____

_____

_____

_____

Wetter am Start: 🌧️ ⛈️ ☁️ 🌤️ ☀️   Wetter am Ziel: ☁️ 🌦️ ☁️ 🌤️ ☀️

Strecken-Niveau: ▨ wenig Kurven   ▨ kurvig   🌀 sehr kurvig

Sehenswertes auf der Tour

_____

_____

_____

_____

_____

Beschreibung der Tour

Titel der Tour: _____ **Datum:** _____

Start: _____ Ziel: _____

Zwischenstopps:

_____

_____

_____

_____

km-Stand Strart	km-Stand Ziel	**Länge der Strecke**
_____ km	_____ km	_____ km

Teilnehmer:

_____

_____

_____

_____

Wetter am Start: 🌧️🌩️☁️🌤️☀️ Wetter am Ziel: 🌧️🌩️☁️🌤️☀️

Strecken-Niveau: ▨ wenig Kurven   ▧ kurvig   ▧ sehr kurvig

Sehenswertes auf der Tour

_____

_____

_____

_____

_____

_____

Beschreibung der Tour

Titel der Tour: **Datum:**

_____   _____

Start: Ziel:

_____   _____

Zwischenstopps:

_____

_____

_____

_____

km-Stand Strart	km-Stand Ziel	**Länge der Strecke**
_____ km	_____ km	_____ km

Teilnehmer:

_____

_____

_____

_____

Wetter am Start: 🌧️ ⛈️ ☁️ ⛅ ☀️   Wetter am Ziel: 🌧️ ☁️ ⛅ ☀️

Strecken-Niveau: 📐 wenig Kurven   ↗️ kurvig   🌀 sehr kurvig

Sehenswertes auf der Tour

_____

_____

_____

_____

_____

Beschreibung der Tour

Titel der Tour: **Datum:**

_____   _____

Start: Ziel:

_____   _____

Zwischenstopps:

_____

_____

_____

_____

km-Stand Strart	km-Stand Ziel	**Länge der Strecke**
_____ km	_____ km	_____ km

Teilnehmer:

_____

_____

_____

_____

Wetter am Start: 🌧️ ⛅ ☁️ 🌤️ ☀️   Wetter am Ziel: 🌧️ ⛅ ☁️ 🌤️ ☀️

Strecken-Niveau: 〳 wenig Kurven   ◿ kurvig   ◷ sehr kurvig

Sehenswertes auf der Tour

_____

_____

_____

_____

_____

Beschreibung der Tour

Titel der Tour: **Datum:**

_____   _____

Start: Ziel:

_____   _____

Zwischenstopps:

_____

_____

_____

_____

km-Stand Strart	km-Stand Ziel	**Länge der Strecke**
_____ km	_____ km	_____ km

Teilnehmer:

_____

_____

_____

_____

Wetter am Start: ☂ ☁ ☁ ⛅ ☀   Wetter am Ziel: ☂ ☁ ☁ ⛅ ☀

Strecken-Niveau: ⟋ wenig Kurven   〰 kurvig   〰 sehr kurvig

Sehenswertes auf der Tour

_____

_____

_____

_____

_____

_____

Beschreibung der Tour

Titel der Tour: **Datum:**

_____   _____

Start: Ziel:

_____   _____

Zwischenstopps:

_____

_____

_____

_____

km-Stand Strart	km-Stand Ziel	**Länge der Strecke**
_____ km	_____ km	_____ km

Teilnehmer:

_____

_____

_____

_____

Wetter am Start: 🌧️ ☁️ 🌥️ ☀️   Wetter am Ziel: 🌧️ ☁️ 🌥️ ☀️

Strecken-Niveau: ▱ wenig Kurven   ▱ kurvig   ▱ sehr kurvig

Sehenswertes auf der Tour

_____

_____

_____

_____

_____

_____

Beschreibung der Tour

Titel der Tour: **Datum:**

_____   _____

Start: Ziel:

_____   _____

Zwischenstopps:

_____

_____

_____

_____

km-Stand Strart   km-Stand Ziel   **Länge der Strecke**

_____ km   _____ km   _____ km

Teilnehmer:

_____

_____

_____

_____

Wetter am Start: ☔☁☁☀☀   Wetter am Ziel: ☁☁☁☀☀

Strecken-Niveau: ▱ wenig Kurven   ▱ kurvig   ▱ sehr kurvig

Sehenswertes auf der Tour

_____

_____

_____

_____

_____

Beschreibung der Tour

Titel der Tour: **Datum:**

_____   _____

Start: Ziel:

_____   _____

Zwischenstopps:

_____

_____

_____

_____

km-Stand Strart	km-Stand Ziel	**Länge der Strecke**
_____ km	_____ km	_____ km

Teilnehmer:

_____

_____

_____

_____

Wetter am Start: 🌧️ ⛅ ☁️ 🌤️ ☀️   Wetter am Ziel: 🌧️ ⛅ ☁️ 🌤️ ☀️

Strecken-Niveau: ▨ wenig Kurven   ▱ kurvig   ◈ sehr kurvig

Sehenswertes auf der Tour

_____

_____

_____

_____

_____

Beschreibung der Tour

Titel der Tour: **Datum:**

_____   _____

Start: Ziel:

_____   _____

Zwischenstopps:

_____

_____

_____

_____

km-Stand Strart	km-Stand Ziel	**Länge der Strecke**
_____ km	_____ km	_____ km

Teilnehmer:

_____

_____

_____

_____

Wetter am Start: 🌧️ ⛈️ ☁️ 🌤️ ☀️   Wetter am Ziel: 🌧️ ⛈️ ☁️ 🌤️ ☀️

Strecken-Niveau: ⟋ wenig Kurven   〰 kurvig   🌀 sehr kurvig

Sehenswertes auf der Tour

_____

_____

_____

_____

_____

Beschreibung der Tour

Titel der Tour: **Datum:**

_____   _____

Start: Ziel:

_____   _____

Zwischenstopps:

_____

_____

_____

_____

km-Stand Strart	km-Stand Ziel	Länge der Strecke
_____ km	_____ km	_____ km

Teilnehmer:

_____

_____

_____

_____

Wetter am Start: 🌧 ⛅ ☁ 🌤 ☀   Wetter am Ziel: 🌧 ⛅ ☁ 🌤 ☀

Strecken-Niveau: ⁄⁄ wenig Kurven   ⟋ kurvig   ⟲ sehr kurvig

Sehenswertes auf der Tour

_____

_____

_____

_____

_____

_____

Beschreibung der Tour

_____

_____

_____

_____

_____

_____

_____

_____

_____

_____

_____

_____

_____

_____

_____

_____

_____

_____

_____

_____

165

Titel der Tour: **Datum:**

_____   _____

Start: Ziel:

_____   _____

Zwischenstopps:

_____

_____

_____

_____

km-Stand Strart	km-Stand Ziel	**Länge der Strecke**
_____ km	_____ km	_____ km

Teilnehmer:

_____

_____

_____

_____

Wetter am Start: 🌧️ ☁️ ⛅ 🌤️ ☀️   Wetter am Ziel: 🌧️ ☁️ ⛅ 🌤️ ☀️

Strecken-Niveau: ▱ wenig Kurven   ▱ kurvig   ▱ sehr kurvig

Sehenswertes auf der Tour

_____

_____

_____

_____

_____

_____

Beschreibung der Tour

_____

_____

_____

_____

_____

_____

_____

_____

_____

_____

_____

_____

_____

_____

_____

_____

_____

_____

_____

_____

_____

Titel der Tour: **Datum:**

_____   _____

Start: Ziel:

_____   _____

Zwischenstopps:

_____

_____

_____

_____

km-Stand Strart	km-Stand Ziel	**Länge der Strecke**
_____ km	_____ km	_____ km

Teilnehmer:

_____

_____

_____

_____

Wetter am Start: 🌧️ ⛅ ☁️ 🌤️ ☀️   Wetter am Ziel: 🌧️ ⛅ ☁️ 🌤️ ☀️

Strecken-Niveau: 〰️ wenig Kurven   〰️ kurvig   🌀 sehr kurvig

Sehenswertes auf der Tour

_____

_____

_____

_____

_____

_____

Beschreibung der Tour

Titel der Tour: **Datum:**

_____   _____

Start: Ziel:

_____   _____

Zwischenstopps:

_____

_____

_____

_____

km-Stand Strart	km-Stand Ziel	**Länge der Strecke**
_____ km	_____ km	_____ km

Teilnehmer:

_____

_____

_____

_____

Wetter am Start: 🌧️🌦️☁️🌤️☀️   Wetter am Ziel: 🌧️🌦️☁️🌤️☀️

Strecken-Niveau: ▱ wenig Kurven   ▱ kurvig   🌀 sehr kurvig

Sehenswertes auf der Tour

_____

_____

_____

_____

_____

Beschreibung der Tour

Titel der Tour: **Datum:**

_____   _____

Start: Ziel:

_____   _____

Zwischenstopps:

_____

_____

_____

_____

km-Stand Strart	km-Stand Ziel	**Länge der Strecke**
_____ km	_____ km	_____ km

Teilnehmer:

_____

_____

_____

_____

Wetter am Start: Wetter am Ziel:

Strecken-Niveau: wenig Kurven   kurvig   sehr kurvig

Sehenswertes auf der Tour

_____

_____

_____

_____

_____

_____

Beschreibung der Tour

Titel der Tour: **Datum:**

_____   _____

Start: Ziel:

_____   _____

Zwischenstopps:

_____

_____

_____

_____

km-Stand Strart	km-Stand Ziel	**Länge der Strecke**
_____ km	_____ km	_____ km

Teilnehmer:

_____

_____

_____

_____

Wetter am Start: 🌧️ ⛈️ ☁️ ⛅ ☀️   Wetter am Ziel: ☁️ ⛈️ ☁️ ⛅ ☀️

Strecken-Niveau: ╱ wenig Kurven   ⟋ kurvig   ⟿ sehr kurvig

Sehenswertes auf der Tour

_____

_____

_____

_____

_____

_____

Beschreibung der Tour

Titel der Tour: _____   **Datum:** _____

Start: _____   Ziel: _____

Zwischenstopps:

_____

_____

_____

_____

km-Stand Strart	km-Stand Ziel	**Länge der Strecke**
_____ km	_____ km	_____ km

Teilnehmer:

_____

_____

_____

_____

Wetter am Start: 🌧️ ⛅ ☁️ 🌤️ ☀️   Wetter am Ziel: 🌧️ ⛅ ☁️ 🌤️ ☀️

Strecken-Niveau: ▨ wenig Kurven   ▨ kurvig   ▨ sehr kurvig

Sehenswertes auf der Tour

_____

_____

_____

_____

_____

186

Beschreibung der Tour

Titel der Tour: **Datum:**

_____   _____

Start: Ziel:

_____   _____

Zwischenstopps:

_____

_____

_____

_____

km-Stand Strart	km-Stand Ziel	**Länge der Strecke**
_____ km	_____ km	_____ km

Teilnehmer:

_____

_____

_____

_____

Wetter am Start: ☁☔ ☁ ☁ ☀ ☀   Wetter am Ziel: ☁☔ ☁ ☁ ☀ ☀

Strecken-Niveau: ▨ wenig Kurven   ▨ kurvig   ▨ sehr kurvig

Sehenswertes auf der Tour

_____

_____

_____

_____

_____

_____

Beschreibung der Tour

Titel der Tour: **Datum:**

_____   _____

Start: Ziel:

_____   _____

Zwischenstopps:

_____

_____

_____

_____

km-Stand Strart	km-Stand Ziel	**Länge der Strecke**
_____ km	_____ km	_____ km

Teilnehmer:

_____

_____

_____

_____

Wetter am Start: 🌧️ ⛅ ☁️ 🌤️ ☀️   Wetter am Ziel: 🌧️ ⛅ ☁️ 🌤️ ☀️

Strecken-Niveau: ▨ wenig Kurven   ▱ kurvig   ∿ sehr kurvig

Sehenswertes auf der Tour

_____

_____

_____

_____

_____

Beschreibung der Tour

Titel der Tour: **Datum:**

_____   _____

Start: Ziel:

_____   _____

Zwischenstopps:

_____

_____

_____

_____

km-Stand Strart	km-Stand Ziel	**Länge der Strecke**
_____ km	_____ km	_____ km

Teilnehmer:

_____

_____

_____

_____

Wetter am Start: 🌧️ 🌥️ ☁️ 🌤️ ☀️   Wetter am Ziel: 🌧️ 🌥️ ☁️ 🌤️ ☀️

Strecken-Niveau: 〰️ wenig Kurven   〰️ kurvig   🌀 sehr kurvig

Sehenswertes auf der Tour

_____

_____

_____

_____

_____

Beschreibung der Tour

Titel der Tour: **Datum:**

_____   _____

Start: Ziel:

_____   _____

Zwischenstopps:

_____

_____

_____

_____

km-Stand Strart	km-Stand Ziel	**Länge der Strecke**
_____ km	_____ km	_____ km

Teilnehmer:

_____

_____

_____

_____

Wetter am Start: 🌧️ 🌦️ ☁️ 🌤️ ☀️   Wetter am Ziel: 🌧️ 🌦️ ☁️ 🌤️ ☀️

Strecken-Niveau: ▦ wenig Kurven   〰 kurvig   🌀 sehr kurvig

Sehenswertes auf der Tour

_____

_____

_____

_____

_____

Beschreibung der Tour

_____

_____

_____

_____

_____

_____

_____

_____

_____

_____

_____

_____

_____

_____

_____

_____

_____

_____

_____

_____

_____